낭독하는 명작동화

Level 3-2

Cinderella

✦ 신데렐라 ✦

새벽달(남수진) • 이현석 지음

Key Vocabulary

명작동화를 읽기 전에 스토리의 **핵심 단어**를 확인해 보세요. 내가 알고 있는 단어라면 체크 표시하고, 모르는 단어는 이야기를 읽은 후에 체크 표시해 보세요.

Story

Level 3의 영어 텍스트 수준은 책의 난이도를 측정하는 레벨 지수인 **AR(Accelerated Reader) 지수 2.5~3.3 사이**로 **미국 초등학생 2~3학년 수준**으로 맞추고, 분량을 **1100 단어 내외**로 구성했습니다.

쉬운 단어와 간결한 문장으로 구성된 스토리를 그림과 함께 읽어 보세요. 페이지마다 내용 이해를 돕는 그림이 있어 상상력을 풍부하게 해 주며, 이야기를 더욱 재미있게 읽을 수 있습니다.

Reading Training

이현석 선생님의 **강세와 청킹 가이드**에 맞춰 명작동화를 낭독해 보세요.

한국어 번역으로 내용을 확인하고 **우리말 낭독**을 하는 것도 좋습니다.

This Book

Storytelling

명작동화의 내용을 떠올릴 수 있는 **8개의 그림**이 준비되어 있습니다. 각 그림당 제시된 **3개의 단어**를 활용하여 이야기를 만들고 말해 보세요. 상상력과 창의력을 기르는 데 큰 도움이 될 것입니다.

Summary

명작동화의 **줄거리 요약문**이 제시되어 있습니다. 빈칸에 들어갈 단어를 채워 보며 이야기의 내용을 다시 정리해 보세요.

Discussion

명작동화의 내용을 실생활에 응용하거나 비판적으로 생각해 볼 수 있는 **토론 질문**으로 구성했습니다. 영어 또는 우리말로 토론하며 책의 내용을 재구성해 보세요.

픽처 텔링 카드

특별부록으로 **16장의 이야기 그림 카드**가 맨 뒷장에 있어 한 장씩 뜯어서 활용이 가능합니다. 순서에 맞게 그림을 배열하고 이야기 말하기를 해 보세요.

 QR코드 영상을 통해 새벽달님과 이현석 선생님이 이 책을 활용하는 가장 좋은 방법을 직접 설명해 드립니다!

Contents

Cinderella

 신데렐라

Key Vocabulary

- [ ] **stepmother**   새어머니
- [ ] **mean**   (성격이) 고약한
- [ ] **tease**   놀리다
- [ ] **fancy**   성대한
- [ ] **ball**   무도회
- [ ] **palace**   궁전
- [ ] **try on**   ~을 입어 보다, 신어 보다
- [ ] **carriage**   마차
- [ ] **disappointed**   실망한
- [ ] **fairy**   요정
- [ ] **wand**   지팡이
- [ ] **sparkle**   반짝이다
- [ ] **twirl**   빙빙 돌다
- [ ] **twist**   감기다, 엉키다
- [ ] **pumpkin**   호박
- [ ] **midnight**   자정
- [ ] **fit(-fit)**   (크기나 모양이) 꼭 맞다

Once upon a time, there was a girl named Cinderella.
She lived with her father, stepmother, and two stepsisters.
Her stepmother and stepsisters were very mean.

Every day, Cinderella worked in the house.
She cleaned up dust and ashes.
So, her clothes became old and dirty.
Cinderella had no pretty dresses.
But her stepsisters had many beautiful dresses.
"Cinderella, your clothes are so smelly," they teased.

Cinderella was lonely.

But birds and mice were her friends.

Cinderella shared her food with them.

The animal friends liked her because she was kind.

And they sang for her when she was sad.

One day, a letter arrived.

"Look, it is a letter from the palace," said one stepsister.

She opened the letter and read it.

Then she said, "There will be a fancy ball at the palace.

Anyone can go to the ball. I am going to go."

"I want to go, too," said the other stepsister.

Cinderella's stepsisters were excited.

"Cinderella, bring all our dresses," they said.

There were so many dresses, and they were heavy.

Cinderella brought all of them.

The two stepsisters tried on all the dresses.

They wanted to look pretty, but they were not.

"Cinderella, bring our shoes too," they said.

Cinderella was tired, but she brought everything.

Cinderella put down the things and said,
"Can I go to the ball as well?"
She wished she could go.
Cinderella's stepmother laughed.
"You? No, you cannot go," she said.
"Your clothes are dirty and smelly."

Cinderella felt sad.

She knew she could not go.

She knew how dirty her clothes were.

She also had too much work to do in the house.

That afternoon, the stepsisters got on the carriage.

Cinderella watched them leave for the ball.

She felt empty and disappointed.

That evening, something magical happened.
Cinderella saw a fairy with a warm smile.
She also had a shiny magic wand.
Cinderella was surprised.

"Why are you sad, Cinderella?" the fairy asked.
Cinderella told the fairy about the ball.
"I really want to go," she said.

The fairy smiled.
"I will help you. You can go to the ball," she said.
But Cinderella did not understand.
'I do not have a pretty dress for the ball,' she thought.

The fairy waved her wand.
Suddenly, Cinderella's clothes changed.
She was now wearing a beautiful dress.
The dress sparkled like stars.
Cinderella's hair also twirled and twisted.
She was amazed at this change.

But Cinderella had no shoes.
She also needed a carriage to go to the palace.
The fairy waved her wand again.
Now Cinderella had glass shoes on her feet.
And a pumpkin from the barn turned into a carriage.

Cinderella was ready for the ball.
"You look beautiful, Cinderella.
Go and have fun.
But come home by midnight," said the fairy.
"At midnight, the magic will end."

"I will come home by midnight," Cinderella promised.
She thanked the fairy and went inside the carriage.
The magic carriage quickly brought Cinderella to the palace.

Cinderella arrived at the gate of the palace.

She got out of the carriage.

Her dress sparkled even more under the lights.

Everyone looked at her.

"Who is she? Is she a princess?" someone asked.

Cinderella went inside the palace.

The prince saw her and smiled.

He walked toward her.

"Would you like to dance with me?" the prince asked.

"Sure," Cinderella answered.

They danced beautifully together.

The stepsisters saw Cinderella, too.

"Who is that beautiful princess?

When can I dance with the prince?

I want to dance with him," said one stepsister.

They did not recognize Cinderella.

They thought she was a real princess.

Cinderella and the prince danced for a long time.

They also talked and laughed.

They liked each other a lot.

Time passed quickly, and it was almost midnight.

Cinderella remembered the fairy's words.

She had to leave before the magic ended.

"Oh no. I am sorry, but I have to leave," she told the prince.

She quickly said goodbye to him.

"Wait! Where are you going?

And what is your name?" the prince asked.

Cinderella was in a hurry,

so she could not answer his questions.

She quickly ran out of the palace.

As Cinderella ran, one of her glass shoes came off.
It fell on the stairs, but she did not stop.
She kept running to her carriage.
The clock struck midnight, and everything changed back.

Cinderella's lovely dress turned back into old clothes.
The beautiful carriage became a pumpkin again.
So, Cinderella had to walk home.

Meanwhile, the prince ran out of the palace.

But he could not find Cinderella.

Instead, he found a glass shoe on the stairs.

'It is her shoe!' the prince thought.

He picked up the glass shoe.

There were guards at the gate of the palace.

"Guards, did you see a lady a while ago?

She was wearing a sparkling dress," said the prince.

"Your Highness, we only saw a girl wearing dirty clothes,"

one of the guards replied.

The next day, the prince wanted to find Cinderella.

'I will use this glass shoe to find her,' he thought.

He visited every house in town.

And he tried the shoe on every young woman.

The prince went to Cinderella's house, too.

The first stepsister tried on the shoe.

But her foot was too thin and small.

The second stepsister tried on the shoe.

But her foot was too fat and big.

The stepmother said, "Try it on again!"

The second stepsister tried again.

The shoe still did not fit her foot.

The stepmother and the stepsisters were disappointed.

"Is there another lady who can try on this shoe?"

the prince asked.

"No!" said the stepmother and the stepsisters.

Then the father spoke up, "Actually, there is Cinderella."

"Please, let me meet her," said the prince.

'Cinderella did not go to the ball.

The shoe cannot fit her,' one stepsister thought.

They all went to Cinderella.

Cinderella was surprised to see the prince.

But she was also happy.

She sat down and tried on the glass shoe.

It fit her perfectly!

"It is you!" the prince smiled.

He realized Cinderella was the lady from the ball.

"Will you be my wife?" the prince asked.

Cinderella also liked the prince.

"Yes," she said.

Cinderella and the prince went to the palace.

They talked and laughed again.

They spent many days together and eventually got married.

And they lived happily ever after.

◆ Cinderella

Once upon a **ti**me, **/** there was a **girl** **/** **na**med Cinde**rel**la.
She **li**ved with her **fa**ther, **/** **step**mother, **/** and **two step**sisters.
Her **step**mother and **step**sisters **/** were **very mean**.

Every day, **/** Cinde**rel**la **work**ed in the **hou**se.
She cleaned **up dust** **/** and **ash**es.
So, **/** her **clo**thes **/** became **old** and **dir**ty.
Cinde**rel**la had **no** pretty **dress**es.
But her **step**sisters **/** had **many beau**tiful **dress**es.
"Cinde**rel**la, **/** your **clo**thes are **so smell**y," **/** they teased.

Cinde**rel**la was **lo**nely.
But **birds** and **mi**ce **/** were her **fri**ends.
Cinde**rel**la **sha**red her **food** **/** with them.
The **a**nimal **fri**ends **li**ked her **/** because she was **kind**.
And they **sang** for her **/** when she was **sad**.

◆ 신데렐라

옛날 옛날에, 신데렐라라는 이름의 소녀가 있었습니다.
신데렐라는 아버지, 새어머니, 그리고 두 명의 의붓언니와 함께 살았어요.
새어머니와 언니들은 성격이 매우 고약했습니다.

매일, 신데렐라는 집안일을 했습니다.
그녀는 먼지와 재를 청소했어요.
그래서 그녀의 옷은 낡고 더러워졌습니다.
신데렐라에게는 예쁜 드레스가 없었어요.
반면 그녀의 언니들은 예쁜 드레스가 많았어요.
"신데렐라, 너 옷에서 냄새나!" 언니들이 놀렸습니다.

신데렐라는 외로웠어요.
하지만 새들과 쥐들이 그녀의 친구였습니다.
신데렐라는 자신의 음식을 새들과 쥐들에게 나눠 주었어요.
신데렐라가 친절했기 때문에 동물 친구들은 그녀를 좋아했습니다.
그리고 신데렐라가 슬플 때면 동물 친구들이 노래를 불러 주었습니다.

One day, **/** a **let**ter arrived.

"**Look**, **/** it is a **let**ter from the **pa**lace," **/** said one **step**sister.

She **o**pened the **let**ter **/** and **read** it.

Then she said, **/** "There will be a **fancy ball /** at the **pa**lace.

Anyone can **go** to the **ball**. **/** I am **go**ing to **go**."

"I **want** to go, **too**," **/** said the **o**ther **step**sister.

Cinde**rel**la's **step**sisters **/** were ex**ci**ted.

"Cinde**rel**la, **/ bring all** our **dress**es," **/** they said.

There were **so** many **dress**es, **/** and they were **hea**vy.

Cinde**rel**la **/ brought all** of them.

The **two step**sisters **/** tried **on all** the **dress**es.

They **want**ed to look **pret**ty, **/** but they were **not**.

"Cinde**rel**la, **/ bring** our **shoes** too," **/** they said.

Cinde**rel**la was **ti**red, **/** but she **brought e**verything.

Cinde**rel**la put **down** the **things /** and said,

"Can I **go** to the **ball /** as **well**?"

She **wish**ed **/** she could **go**.

Cinde**rel**la's **step**mother **laugh**ed.

"**You**? **/ No**, **/** you can**not** go," **/** she said.

"Your **clo**thes are **dir**ty **/** and **smell**y."

어느 날, 편지 한 통이 도착했습니다.

"봐, 궁전에서 온 편지야." 언니 한 명이 말했어요.

그녀는 편지를 열어서 읽었습니다.

그리고 그녀가 말했어요. "궁전에서 성대한 무도회가 열릴 예정이야.

누구든 그 무도회에 갈 수 있어. 나는 갈 거야."

"나도, 가고 싶어." 다른 언니가 말했습니다.

신데렐라의 언니들은 신이 났습니다.

"신데렐라, 우리 드레스를 전부 가져와." 언니들이 말했어요.

드레스는 너무 많고, 무거웠어요.

신데렐라는 드레스를 전부 가져왔습니다.

두 언니들은 그 많은 드레스를 모두 입어 보았습니다.

그들은 예뻐 보이고 싶었지만, 예쁘지 않았습니다.

"신데렐라, 우리 구두도 가져와." 언니들이 말했어요.

신데렐라는 힘들었지만, 전부 가져왔습니다.

신데렐라는 짐을 내려놓고 말했습니다.

"저도 무도회 가면 안 돼요?"

그녀는 몹시 가고 싶었습니다.

그런데 신데렐라의 새어머니는 비웃었어요.

"너? 아니, 너는 못 가." 새어머니가 말했습니다.

"너 옷이 너무 더럽고 냄새나."

Cinderella felt **sad**.

She **knew** **/** she could **not go**.

She **knew** how **dir**ty **/** her **clo**thes were.

She **al**so **had** **/** **too** much **work** to **do** **/** in the **hou**se.

That after**noon**, **/** the **step**sisters **got** on the **car**riage.

Cinde**rel**la **watch**ed them **/** **lea**ve for the **ball**.

She **felt emp**ty **/** and disap**point**ed.

That **e**vening, **/** **so**mething **ma**gical **hap**pened.

Cinde**rel**la **saw** a **fair**y **/** with a **warm smi**le.

She **al**so had **/** a **shi**ny **ma**gic **wand**.

Cinde**rel**la was sur**pri**sed.

"**Why** are you **sad**, Cinde**rel**la?" **/** the **fair**y asked.

Cinde**rel**la told the **fair**y **/** about the **ball**.

"I **real**ly want to **go**," **/** she said.

신데렐라는 슬펐습니다.
신데렐라는 자신이 무도회에 갈 수 없다는 것을 알았어요.
그녀는 자신의 옷이 얼마나 더러운지 알았습니다.
집에서 해야 할 일들도 너무 많았고요.

그날 오후, 언니들은 마차에 올라탔습니다.
신데렐라는 언니들이 무도회장으로 떠나는 것을 바라보았습니다.
신데렐라는 허탈하고 실망스러웠어요.

그날 밤, 마법 같은 일이 일어났습니다.
신데렐라는 따뜻한 미소를 짓고 있는 요정을 보았어요.
요정은 빛나는 마법 지팡이도 들고 있었습니다.
신데렐라는 깜짝 놀랐어요.

"왜 슬퍼하고 있니, 신데렐라?" 요정이 물었습니다.
신데렐라는 요정에게 무도회에 대해 이야기했어요.
"저 정말 가고 싶어요." 신데렐라가 말했습니다.

The **fair**y **smi**led.

"I will **help** you. / You can **go** to the **ball**," / she said.

But Cinde**rel**la did **not** / under**stand**.

'I do **not** have a **pret**ty **dress** / for the **ball**,' / she thought.

The **fair**y / **wa**ved her **wand**.

Suddenly, / Cinde**rel**la's **clo**thes **chan**ged.

She was now **wear**ing / a **beau**tiful **dress**.

The **dress** / **spark**led like **stars**.

Cinde**rel**la's **hair** / **al**so **twirl**ed and **twist**ed.

She was a**ma**zed / at this **chan**ge.

But Cinde**rel**la had **no shoes**.

She **al**so **need**ed a **car**riage / to **go** to the **pa**lace.

The **fair**y / **wa**ved her **wand** a**gain**.

Now Cinde**rel**la / had **glass shoes** on her **feet**.

And a **pump**kin from the **barn** / **turn**ed into a **car**riage.

요정은 미소를 지었습니다.

"내가 너를 도와주마. 너는 무도회에 갈 수 있단다." 요정이 말했어요.

하지만 신데렐라는 이해가 되지 않았어요.

'나에게는 무도회에 입고 갈 예쁜 드레스가 없는 걸.' 신데렐라가 생각했어요.

요정이 마법의 지팡이를 휘둘렀습니다.

순식간에, 신데렐라의 옷이 바뀌었어요.

그녀는 이제 아름다운 드레스를 입고 있었습니다.

그 드레스는 별처럼 반짝반짝 빛났어요.

신데렐라의 머리카락도 빙빙 돌아 휘감긴 모양이 되었습니다.

그녀는 이 변신에 감탄했어요.

하지만 신데렐라에게는 구두가 없었어요.

그녀는 궁전까지 타고 갈 마차도 필요했습니다.

요정은 다시 마법 지팡이를 휘둘렀어요.

신데렐라의 두 발에는 이제 유리 구두가 신겨져 있었습니다.

그리고 헛간의 호박이 마차로 변했어요.

Cinde**rel**la **/** was **rea**dy for the **ball**.

"You **look beau**tiful, **/** Cinde**rel**la. **/ Go /** and have **fun**.

But **co**me **ho**me by **mid**night," **/** said the **fair**y.

"At **mid**night, **/** the **ma**gic will **end**."

"I will **co**me **ho**me **/** by **mid**night," **/** Cinde**rel**la promised.

She **thank**ed the **fair**y **/** and **went** in**si**de the **car**riage.

The **ma**gic **car**riage **/ quick**ly brought Cinde**rel**la **/** to the **pa**lace.

Cinde**rel**la ar**ri**ved at the **gate /** of the **pa**lace.

She got **out** of the **car**riage.

Her **dress / spark**led **e**ven **mo**re **/** under the **lights**.

Everyone **look**ed at her.

"Who **is** she? **/** Is she a **prin**cess?" **/ so**meone asked.

Cinde**rel**la **/** went in**si**de the **pa**lace.

The **prin**ce **saw** her **/** and **smi**led.

He **walk**ed to**ward** her.

"Would you **like** to **dan**ce **/** with me?" **/** the **prin**ce asked.

"**Su**re," **/** Cinde**rel**la answered.

They **dan**ced **beau**tifully to**ge**ther.

신데렐라는 무도회에 갈 준비가 되었습니다.
"너 정말 예쁘구나, 신데렐라. 가서 재미있는 시간을 보내렴.
하지만, 자정까지는 집에 돌아와야 해." 요정이 말했습니다.
"자정이 되면 마법이 끝날 거야."

"자정까지 집에 돌아올게요." 신데렐라가 약속했습니다.
그녀는 요정에게 고마움을 표하고 마차에 올라탔어요.
마법 마차는 신데렐라를 재빨리 궁전으로 데려가 주었어요.

신데렐라는 궁전의 대문 앞에 도착했습니다.
그녀는 마차에서 내렸어요.
신데렐라의 드레스는 불빛 아래에서 더욱더 반짝반짝 빛났습니다.
모두가 그녀를 바라보았어요.
"저 여인은 누구지? 어느 나라 공주님인가?" 누군가가 물었습니다.

신데렐라는 궁전 안으로 들어갔습니다.
왕자가 그녀를 보고 미소를 지었어요.
왕자는 신데렐라를 향해 걸어왔습니다.
"저와 춤을 추시겠어요?" 왕자가 물었어요.
"좋아요." 신데렐라가 대답했어요.
그들은 함께 아름답게 춤을 추었어요.

The **step**sisters **/** **saw** Cinde**rel**la, too.

"Who **is** that **beau**tiful **prin**cess?

When can **I** **dan**ce **/** with the **prin**ce?

I **want** to **dan**ce with him," **/** said one **step**sister.

They did **not** **re**cognize Cinde**rel**la.

They **thought** **/** she was a **real** **prin**cess.

Cinde**rel**la and the **prin**ce **/** **dan**ced for a **long** time.

They **al**so **talk**ed and **laugh**ed.

They **lik**ed each **o**ther a **lot**.

Time **pass**ed **quick**ly, **/** and it was **al**most **mid**night.

Cinde**rel**la **/** re**mem**bered the **fair**y's **words**.

She **had** to **lea**ve **/** before the **ma**gic **end**ed.

"Oh **no**. **/** I am **sor**ry, **/** but I **have** to **lea**ve," **/** she told the **prin**ce.

She **quick**ly said good**bye** **/** to him.

신데렐라의 언니들도 그녀를 보았습니다.
"저 아름다운 공주님은 누구실까?
나는 도대체 언제 왕자님과 춤을 출 수 있을까?
나도 왕자님과 춤을 추고 싶어." 한 언니가 말했습니다.
언니들은 신데렐라를 알아보지 못했어요.
언니들은 그녀가 진짜 공주라고 생각했습니다.

신데렐라와 왕자는 오랫동안 춤을 추었습니다.
그리고 이야기를 나누며 웃었습니다.
그들은 서로를 매우 마음에 들어 했어요.
시간은 빠르게 흘렀고, 거의 자정이 되었어요.

신데렐라는 요정의 말을 기억했습니다.
그녀는 마법이 끝나기 전에 떠나야 했어요.
"오 이런. 죄송하지만, 저는 가야 해요." 신데렐라가 왕자에게 말했습니다.
신데렐라는 왕자에게 황급히 작별 인사를 했어요.

"**Wait**! **/ Where** are you **go**ing?

And **what** is your **na**me?" **/** the **prin**ce asked.

Cinde**rel**la was in a **hur**ry, **/** so she could **not an**swer **/** his **ques**tions.

She **quick**ly ran **out /** of the **pa**lace.

As Cinde**rel**la **ran**, **/ one** of her **glass shoes /** came **off**.

It **fell** on the **stairs**, **/** but she did **not stop**.

She **kept run**ning **/** to her **car**riage.

The **clock struck mid**night, **/** and **e**verything **chan**ged **back**.

Cinde**rel**la's **lo**vely **dress /** turned **back** into **old clo**thes.

The **beau**tiful **car**riage **/** be**came** a **pump**kin a**gain**.

So, **/** Cinde**rel**la **had** to **walk ho**me.

Meanwhile, **/** the **prin**ce **/** ran **out** of the **pa**lace.

But he could **not find /** Cinde**rel**la.

In**stead**, **/** he **found** a **glass shoe /** on the **stairs**.

'It is her **shoe**!' **/** the **prin**ce thought.

He picked **up** the **glass shoe**.

"잠시만요! 어디로 가시는 거죠?
그리고 이름이 뭔가요?" 왕자가 물었습니다.
신데렐라는 서두르느라, 왕자의 질문에 대답할 수 없었습니다.
그녀는 급하게 달려서 궁전을 빠져나갔어요.

신데렐라가 달리는 동안, 유리 구두 한 짝이 벗겨졌습니다.
구두는 계단에 떨어졌지만, 신데렐라는 멈추지 않았어요.
그녀는 계속해서 마차로 달려갔습니다.
시계가 자정을 알렸고, 모든 것이 다시 예전처럼 바뀌었어요.

신데렐라의 사랑스러운 드레스는 낡은 옷으로 바뀌었습니다.
아름다운 마차는 다시 호박이 되었어요.
그래서, 신데렐라는 집까지 걸어가야 했습니다.

한편, 왕자가 궁전 밖으로 달려 나왔어요.
하지만 그는 신데렐라를 찾을 수 없었습니다.
대신, 계단에 놓인 유리 구두 한 짝을 발견했어요.
"그녀의 신발이야!" 왕자가 생각했습니다.
그는 유리 구두를 집어 들었습니다.

There were **guards** / at the **ga**te of the **pa**lace.

"**Guards**, / did you **see** a **la**dy / a while a**go**?

She was **wear**ing / a **sparkl**ing **dress**," / said the **prin**ce.

"Your **High**ness, / we **on**ly **saw** a **girl** / wearing **dir**ty **clo**thes,"

one of the **guards** re**pli**ed.

The **next** day, / the **prin**ce **want**ed to **find** Cinde**rell**a.

'I will **u**se this **glass shoe** / to **find** her,' / he thought.

He **vi**sited / **e**very **hou**se in **town**.

And he **tri**ed the **shoe** / on **e**very **young wo**man.

The **prin**ce / **went** to Cinde**rell**a's house, too.

The **first step**sister / tried **on** the **shoe**.

But her **foot** / was **too thin** and **small**.

The **se**cond **step**sister / tried **on** the **shoe**.

But her **foot** / was **too fat** and **big**.

The **step**mother said, / "**Try** it **on** a**gain**!"

The **se**cond **step**sister / **tri**ed a**gain**.

The **shoe** still did **not** / **fit** her **foot**.

The **step**mother / and the **step**sisters / were disap**point**ed.

궁전의 대문 앞에는 경비병들이 있었어요.
"경비병들이여, 조금 전에 한 숙녀분을 보았나?
그녀는 반짝이는 드레스를 입고 있었네." 왕자가 말했습니다.
"왕자님, 저희는 더러운 옷을 입은 소녀 한 명을 보았을 뿐입니다."
경비병 한 명이 대답했어요.

다음 날, 왕자는 신데렐라를 찾고 싶었습니다.
'나는 이 유리 구두 한 짝을 가지고 그녀를 찾고야 말겠어.' 왕자가 생각했어요.
그는 마을에 있는 모든 집을 방문했습니다.
그리고 왕자는 모든 젊은 여성들에게 구두를 신어 보게 했어요.

왕자는 신데렐라의 집에도 갔습니다.
첫째 언니가 구두를 신어 보았어요.
하지만 그녀의 발은 너무 가늘고 작았습니다.
둘째 언니도 구두를 신어 보았어요.
하지만 그녀의 발은 너무 통통하고 컸습니다.
새어머니가 말했습니다. "다시 신어 봐!"
둘째 언니는 구두를 다시 신어 보았어요.
구두는 여전히 그녀의 발에 맞지 않았습니다.
새어머니와 언니들은 실망했습니다.

"Is there a**no**ther **la**dy **/** who can try **on** this **shoe**?" **/** the **prin**ce asked.

"**No**!" **/** said the **step**mother **/** and the **step**sisters.

Then / the **fa**ther spoke **up**, **/** "**Ac**tually, **/** there is Cinde**rel**la."

"**Plea**se, **/ let** me **meet** her," **/** said the **prin**ce.

'Cinde**rel**la did **not / go** to the **ball**.

The **shoe** can**not fit** her,' **/** one **step**sister thought.

They **all** went to Cinde**rel**la.

Cinde**rel**la was sur**pri**sed **/** to **see** the **prin**ce.

But she was **al**so **hap**py.

She sat **down /** and tried **on** the **glass shoe**.

It **fit** her **per**fectly!

"It is **you**!" **/** the **prin**ce **smi**led.

He **real**ized **/** Cinde**rel**la was the **la**dy **/** from the **ball**.

"**Will** you be my **wi**fe?" **/** the **prin**ce asked.

Cinde**rel**la **/ al**so liked the **prin**ce.

"**Yes**," **/** she said.

Cinde**rel**la and the **prin**ce **/ went** to the **pa**lace.

They **talk**ed and **laugh**ed a**gain**.

They **spent ma**ny days to**ge**ther **/** and e**ven**tually got **mar**ried.

And they **lived hap**pily **/** ever **af**ter.

"이 구두를 신어 볼 다른 숙녀분이 계신가요?" 왕자가 물었습니다.

"없어요!" 새어머니와 언니들이 말했어요.

그때 아버지가 목소리를 냈습니다. "실은, 신데렐라가 있어요."

"부디, 제가 그녀를 만나게 해 주십시오." 왕자가 말했습니다.

'신데렐라는 무도회에 가지 않았어.

이 구두가 그 아이의 발에 맞을 리가 없지.' 언니 한 명이 생각했어요.

그들은 모두 신데렐라에게 갔습니다.

신데렐라는 왕자를 보고 깜짝 놀랐습니다.

그렇지만 그녀는 기쁘기도 했어요.

신데렐라는 앉아서 유리 구두를 신어 보았습니다.

구두는 그녀에게 꼭 맞았어요!

"당신이군요!" 왕자가 미소를 지었습니다.

왕자는 신데렐라가 무도회에서 만난 숙녀라는 것을 깨달았습니다.

"제 아내가 되어 주시겠어요?" 왕자가 물었습니다.

신데렐라도 왕자가 마음에 들었어요.

"좋아요." 그녀가 말했습니다.

신데렐라와 왕자는 궁전으로 갔습니다.

그들은 다시 이야기를 나누며 웃었습니다.

그들은 많은 날들을 함께 보내고 마침내 결혼했어요.

그리고 그들은 오래오래 행복하게 살았답니다.

Storytelling

Part 1 ◆ p.8~15

Cinderella, stepsisters, work

letter, palace, ball

wish, stepmother, laugh

fairy, wand, change

palace, prince, dance

remember, leave, hurry

find, visit, try on

surprised, fit, realize

fairy   lost   leave   fit   mean

Once there was a girl named Cinderella. She lived with her

_____ stepmother and stepsisters. She did all the

housework, so her clothes were dirty. Cinderella was sad because

she could not go to a ball at the palace. Then, a _____

appeared and gave Cinderella a beautiful dress and glass shoes.

Cinderella went to the ball and danced with the prince. But she had to

_____ before midnight. As Cinderella ran down the stairs,

she _____ one of her glass shoes. The prince found the

shoe and searched for her. When the prince came to Cinderella's house,

the glass shoe _____ her perfectly. Cinderella and the

prince got married and lived happily ever after.

Memo

_____

_____

_____

Discussion

1 ◆ **Why do you think Cinderella's stepmother and stepsisters treated Cinderella so badly? (Is there ever a good reason to bully someone?) And why do you think Cinderella endured the bullying and did all the housework? What would you have done in her situation?**

신데렐라의 새어머니와 의붓언니들은 신데렐라를 왜 그렇게 괴롭혔을까요? (누군가를 괴롭히는 데 타당한 이유가 있을까요?) 그리고 신데렐라는 어째서 그 괴롭힘을 견디면서 집안일을 다 했을까요? 여러분이 신데렐라였다면 어떻게 했을 것 같나요?

2 ◆ **Cinderella thought she could not go to the ball because of her old and dirty clothes. But she eventually felt confident in the beautiful dress. Do you have clothes that make you especially confident? What kind of clothes are they? Why do they make you feel that way?**

신데렐라는 낡고 더러운 옷 때문에 무도회에 갈 수 없다고 생각했어요. 그러나 아름다운 드레스를 입고 나서 마침내 자신감이 생겼어요. 여러분에게도 특별한 자신감을 주는 옷이 있나요? 어떤 옷인가요? 이유는 무엇인가요?

낭독하는 명작동화 Level 3-2
Cinderella

초판 1쇄 발행 2024년 12월 2일

지은이 새벽달(남수진) 이현석 롱테일 교육 연구소
책임편집 강지희 | 편집 명채린 백지연 홍하늘
디자인 박새롬 | 그림 김주연
마케팅 두잉글 사업본부

펴낸이 이수영
펴낸곳 롱테일북스
출판등록 제2015-000191호
주소 04033 서울특별시 마포구 양화로 113, 3층(서교동, 순흥빌딩)
전자메일 team@ltinc.net

이 도서는 대한민국에서 제작되었습니다.
롱테일북스는 롱테일㈜의 출판 브랜드입니다.

ISBN 979-11-93992-26-5 14740

Cinderella

10

**recognize
pass
midnight**

새벽달 X 이현석 낭독스쿨

Cinderella

9

**arrive
prince
dance**

새벽달 X 이현석 낭독스쿨

Cinderella

12

**shoes
stairs
change**

새벽달 X 이현석 낭독스쿨

Cinderella

11

**remember
hurry
run**

새벽달 X 이현석 낭독스쿨